I0568663

Χάτζη Φύλαξ

Πλανητόσπιτο

Εικονογράφηση : Άντα-Μαρίνα Κιλισμανή

FYLATOS PUBLISHING

Copyright για ελληνική έκδοση
Χάτζη Φύλαξ
© Εκδόσεις Φυλάτος, © Fylatos Publishing, Θεσσαλονίκη 2015

Συγγραφέας: Χάτζη Φύλαξ
e-mail: xskevofilaka@gmail.com

Εικονογράφηση: Άντα-Μαρίνα Κιλισμανή
e-mail: adakilismanis@gmail.com

© Εκδόσεις Φυλάτος, © Fylatos Publishing
e-mail. contact@fylatos.com
web: www.fylatos.com
Σχεδιασμός Εξωφύλλου: © Εκδόσεις Φυλάτος
Σελιδοποίηση-Σχεδιασμός: © Εκδόσεις Φυλάτος
ISBN: 978-618-5123-17-8

ΠΛΑΝΗΤΟΣΠΙΤΟ

Χάτζη Φύλαξ
Άντα-Μαρίνα Κιλισμανή

Εκδόσεις Φυλάτος
Fylatos Publishing
MMXV

Αυτό το βιβλίο το αφιερώνω στην αγαπημένη μου κόρη Σοφία, στους γονείς μου Σοφία και Kenny και στα αδέλφια μου Kay και Σωτήρη, Γιάννη και Μάρω!

Στο απέραντο διάστημα υπάρχουν πολλά πλανητόσπιτα.

Κάποια μικρά, κάποια μεγάλα και το κάθε ένα από αυτά είναι μοναδικό.

Ο σχεδιαστής όλων αυτών, έβαλε όλο του το μεράκι κι έφτιαξε

το και πιο όμορφο πλανητόσπιτο και

του έδωσε το όνομα «ΓΗ».

Φώναξε τους πιο σπουδαίους καλλιτέχνες, ζωγράφους και διακοσμητές για να το διακοσμήσουν μοναδικά. Μικρές και μεγάλες λίμνες, βαθιές και γαλάζιες θάλασσες, ωκεανοί, ψηλά βουνά, ποτάμια και μεγάλοι καταρράκτες κόσμησαν το πλανητόσπιτο Γη.

Έβαλε φροντιστές και πλανητονεράιδες να φυτέψουν δέντρα και να φτιάξουν μικρά και μεγάλα δάση. Μάλιστα στους τρεις πιο αγαπημένους του σύμπαντος, στην ψηλή Mic, στη γρήγορη Lou και στον σοφό Al, ανέθεσε το πιο σπουδαίο έργο. Να φυτέψουν λουλούδια σε όλα τα μέρη του πλανητόσπιτου.

Την πιο υπεύθυνη δουλειά, ανέθεσε στον έμπιστο

και καλύτερο φίλο του, τον Julius.

Τον έχρησε Αρχηγό του πλανητόσπιτου!

Τον κάλεσε λοιπόν και του είπε:

-Από σήμερα, Julius, έχεις μία σημαντική αποστολή. Είσαι υπεύθυνος φροντίδας και ομορφιάς. Αυτό σημαίνει ότι θα ελέγχεις το πλανητόσπιτο να μη χάσει την ομορφιά του. Αν τυχόν αυτό συμβεί, θα πρέπει να βρεις τον τρόπο για να γίνει πάλι όμορφο!

Ο Julius χάρηκε με την ξεχωριστή αυτή τιμή κι ένιωσε τη καρδιά του να χτυπά τόσο δυνατά από χαρά, που ακούστηκε μέχρι το μακρινό σύμπαν. Κατά βάθος όμως, κάτι του έλεγε ότι δε θα ήταν εύκολη αποστολή. Η αμφιβολία ήρθε και φώλιασε μέσα στις σκέψεις του. Άραγε θα μπορούσε να τα καταφέρει;

Έβαλε λοιπόν, τα δυνατά του. Κάθε μέρα,
ο Julius πετούσε πάνω από τις χώρες και
παρατηρούσε με το τηλεσκόπιό του, τις ομορφιές
του πλανητόσπιτου Γη. Πέρασαν πολλά χρόνια και
ο Julius παρατηρούσε μέρα με τη μέρα τις αλλαγές
που γινόταν. Άλλες μικρές, άλλες μεγάλες.

Οι άνθρωποι είχαν αρχίσει να μη σέβονται το περιβάλλον, τα ζώα, τα φυτά, αλλά ούτε και τους άλλους ανθρώπους. Έκαναν ό,τι ήθελαν χωρίς να σκέφτονται ότι, αργά ή γρήγορα, θα ερχόταν η μέρα που οι πράξεις τους θα επηρέαζαν την ομορφιά και τη ζωή στο πλανητόσπιτο.

Εκεί όπου υπήρχαν δάση, έχτιδαν σπίτια, δρόμους και εργοστάσια. Στις λίμνες και στις θάλασσες πετούσαν πολλά σκουπίδια και σιγά-σιγά κατάφεραν να έχουν κάτι πραγματικά άσχημο και βρώμικο... τη μόλυνση του περιβάλλοντος. Έτσι, το πλανητόσπιτο Γη, δεν ήταν πια τόσο όμορφο όσο θα ήθελαν να είναι...

Σε μια από τις καθημερινές περιπλανήσεις του ο Julius, κοίταξε επίμονα τις αλλαγές στο τοπίο και συνειδητοποίησε ότι είχε έρθει η ώρα να δράσει. Η κατάσταση δεν μπορούσε να περιμένει και ήταν σίγουρος ότι ο σχεδιαστής, αργά ή γρήγορα, θα τον φώναζε να απολογηθεί για αυτήν. Έπρεπε να ξαναδώσει στο πλανητόσπιτο την ομορφιά του.

Για μέρες, ήταν η μόνη σκέψη του από το πρωί μέχρι το βράδυ. Αναρωτιόταν ποιος, άραγε, είναι ο τρόπος για να γίνει ξανά όμορφο το πλανητόσπιτο. Παντού, ακόμη και στην απογευματινή του βόλτα με το ποδήλατο ρωτούσε και ξαναρωτούσε τον εαυτό του: «Ποιος είναι ο καλύτερος τρόπος για να γίνει όμορφο ξανά το πλανητόσπιτο;»

Δέκα μέρες αγωνίας, πέρασαν για τον Julius, ψάχνοντας να βρει απάντηση. Μάταια... Ήταν απελπισμένος καθώς βρισκόταν σε αδιέξοδο.

Ξαφνικά, ένα πρωί, πετάχτηκε απ᾽ τον ύπνο του αναφωνώντας: «Αααα!... θα ρωτήσω τον καλύτερό μου φίλο, τον σοφό Al. Είμαι βέβαιος ότι αυτός μπορεί να μου δώσει μερικές συμβουλές, για να γίνει το πλανητόσπιτο ξανά όμορφο...»

Ξεκίνησε λοιπόν για να βρει τον φίλο του, τον Al.

Όταν συναντήθηκαν οι δύο φίλοι, ο Julius του είπε :

-Al, θέλω να με βοηθήσεις γιατί δυσκολεύομαι να βρω τη λύση. Προσπαθώ να βρω κάποια λύση ή τρόπο για να γίνει ξανά το πλανητόσπιτο όμορφο.

Και τότε ο Al, του απάντησε:

-Julius, νομίζω ότι μπορούμε να βασιστούμε στους φίλους μας. Αυτοί, μπορούν να σε βοηθήσουν να το πετύχεις. Είναι σπουδαίοι και βρίσκονται σε όλα τα σημεία του πλανήτη και σε όλες τις χώρες. Όλοι μαζί κι ο καθένας χωριστά, είναι μέρος της λύσης που ζητάς. Αυτοί θα σε βοηθήσουν να βρεις τον πιο γρήγορο τρόπο να γίνει ξανά το πλανητόσπιτο όμορφο.

Ο Julius τότε, ρώτησε γεμάτος απορία:

-Μήπως εννοείς τις πλανητονεράιδες;

Ο Al χωρίς να χάσει χρόνο, του αποκρίθηκε:

-Εννοώ τους μικρότερους και καλύτερους φίλους που θα μπορούσες να έχεις φανταστεί ποτέ.

-Μα ποιούς εννοείς; ρώτησε ο Julius.

-Εννοώ αυτούς, με τη μεγαλύτερη φαντασία σ' όλο το πλανητόσπιτο! λέει ο Al.

-Al, μήπως εννοείς αυτούς που λέμε ότι "το μυαλό τους καλπάζει;"

-Ναι! Ναι! Εννοώ αυτούς με τη μεγαλύτερη φαντασία στο κόσμο.

-Έχω την εντύπωση ότι... επιτέλους, κατάλαβα τι θέλεις να πεις! είπε ο Julius ενθουσιασμένος και οι δύο μαζί με μια φωνή σαν χορωδία, φώναξαν:

-Τα παιδιά! Τα παιδιά! Τα παιδιά του πλανητόσπιτου είναι η λύση!

-Julius το καλύτερο που μπορείς να κάνεις είναι να τους στείλεις από ένα γράμμα. Ένα γράμμα σε κάθε παιδί του πλανητόσπιτου...

Ο Julius ενθουσιασμένος και πολύ χαρούμενος, πήρε το άσπρο του τετράδιο με το ασπροπορτοκαλομώβ εξώφυλλο και το άνοιξε πάνω στο γραφείο του. Αποφάσισε να στείλει ένα γράμμα σε κάθε παιδί, σε όποια χώρα κι αν βρισκόταν, για να ζητήσει τη βοήθειά του. Αυτό το γράμμα το έγραψε σε όλες τις γλώσσες και το έστειλε σ' όλα τα παιδιά επάνω στον πλανήτη Γη:

«Αγαπημένε μου φίλε,
νιώθω ότι κι εσύ μεγαλώνοντας θα ήθελες να ζεις σ' ένα
όμορφο πλανητόσπιτο. Θέλω να θυμάσαι ότι το πιο σπουδαίο
δώρο που μπορείς να προσφέρεις στο πλανητόσπιτο, είναι
να το αγαπάς και να το φροντίζεις. Το περιβάλλον σου
είναι το περιβάλλον όλων μας.
Είμαι σίγουρος, ότι το πλανητόσπιτο, με τις δικές σου
ιδέες και με τη δική σου αγάπη, σύντομα θα ξαναβρεί την
ομορφιά που έχει χάσει.
Ποιες είναι οι ιδέες σου για να γίνει ξανά όμορφο;
Ποια είναι η πρώτη ιδέα που σκέφτηκες;
Μπορείς να την εφαρμόσεις ακόμη και από αύριο;
Σε παρακαλώ, στείλε μου όλες τις ιδέες που έχεις για να
σωθεί το πλανητόσπιτο, ακόμη και τις πιο τρελές!

Όλοι μαζί θα μπορέσουμε να βοηθήσουμε το πλανητόσπιτο

να γίνει όμορφο ξανά!

Σ' αγαπώ πολύ και περιμένω και τη δική σου συμμετοχή.

Η διεύθυνση μου είναι: Πλανητόσπιτο «η Γη»,

Χώρα: Το Απέραντο Σύμπαν

Οδός : Προστασία του Περιβάλλοντος

email:planitospito@gmail.com

Facebook: "planitospito",

Ο φίλος σου,

Julius

Υ.Γ. Ο Al κι εγώ περιμένουμε τις ιδέες σου στο email για

να ξεκινήσουμε να αλλάξουμε τον πλανήτη μας, ώστε να

γίνει όμορφος ξανά. Είναι πραγματικά σπουδαίο που μας

βοηθάς στο δύσκολο αυτό έργο. Ευχαριστούμε!

Μέσα σε λίγες ημέρες γράμματα και μηνύματα έφτασαν πολλά. Όλα με ιδέες πολλές. Ο Julius και ο Al, αποφάσισαν να συγκεντρώσουν όλα τα παιδιά του πλανητόσπιτου και να δώσουν όλοι μαζί μια υπόσχεση: «Ο ένας να βοηθά τον άλλον πάντοτε για να μείνει όμορφο το πλανητόσπιτό τους».

Όλοι μαζί πια είναι σίγουρο ότι θα ξαναχρωματίσουν τον πλανήτη τους με τα πιο όμορφα ζωντανά και όμορφα χρώματα...

Ευχαριστώ ιδιαίτερα τον ανηψιό μου Κανάκη για την ουσιαστική βοήθειά του στην επιμέλεια του βιβλίου και όσους φίλους με βοήθησαν και με στήριξαν για το συγκεκριμένο βιβλίο.

Λίγα λόγια για τη συγγραφέα...

Η Χάτζη Φύλαξ διατηρεί ζωντανό το όνειρο της παιδικής ψυχής. Αφουγκράζεται την παιδική σκέψη και τα παιδικά όνειρα και γράφει για τα παιδιά, μέσα από τη δική της παιδική και αυθεντική ματιά. Συνδυάζει το συγγραφικό της ταλέντο με την βαθιά της γνώση στη συναισθηματική νοημοσύνη, στη διάσταση της παιδικής προσωπικότητας και την αναγνώριση των παιδικών «θέλω» και παιδικών συναισθημάτων που ψάχνουν να εκφραστούν, να αναπτυχθούν και να ολοκληρωθούν.

Μέσα από ένα ιδιαίτερο λεξιλόγιο αγγίζει την παιδική φαντασία και, μέσα από τα παραμύθια της, ενδυναμώνει, τρέφει και χτίζει την δημιουργική σκέψη των παιδιών.

Η Χάτζη είναι ομιλήτρια, μοναδική καθοδηγήτρια και σύμβουλος, που έχει αγαπηθεί από πολύ κόσμο. Κάτοχος Πτυχίου και Μεταπτυχιακού στην Διοίκηση Επιχειρήσεων και Πιστοποιημένη Σύμβουλος Νευρογλωσσικού προγραμματισμού. Εδώ και αρκετά χρόνια έχει καθοδηγήσει ανθρώπους να ανακαλύψουν το δυναμικό τους και να ασχοληθούν με την προσωπική τους εξέλιξη. Κατάγεται από την Κάρπαθο και της αρέσει να επισκέπτεται τα ελληνικά νησιά.

Λίγα λόγια για την εικονογράφο...

Η Αντα-Μαρίνα Κιλισμανή γεννήθηκε στο Μιλάνο το Φεβρουάριο του 1976 από πατέρα Έλληνα και μητέρα Ιταλίδα. Η έμφυτη κλίση και η αγάπη της στα καλλιτεχνικά εκδηλώθηκαν σε πάρα πολύ μικρή ηλικία, ενώ το ταλέντο της αναδείχθηκε κατά τη διάρκεια των μαθητικών της χρόνων καθώς καταλάμβανε συστηματικά τις πρώτες θέσεις σε σχολικούς διαγωνισμούς ζωγραφικής.

Τελείωσε με άριστα το «Liceo Artistico di Boccioni» (Καλλιτεχνικό Λύκειο Boccioni) και στη συνέχεια σπούδασε στο «Istituto Europeo di Design»(Ευρωπαϊκό Ινστιτούτο Σχεδίου) από όπου αποφοίτησε και πάλι με άριστα.

Από το 1998 ως το 2002 δούλεψε ως γραφίστα σε διάφορες διαφημιστικές εταιρίες και εκδοτικούς οίκους στο Μιλάνο (Baldini e Castoldi, Royal Express κ.α) και κατόπιν μετακόμισε στη χώρα μας όπου δούλεψε ως εξωτερική συνεργάτιδα για λογαριασμό επώνυμων και καταξιωμένων πελατών όπως Nivea, Maggie, Fiat, Cosmopolitan, Ιταλικό Προξενείο, κ.α.

Μιλά άπταιστα ιταλικά και ελληνικά και ασχολείται ερασιτεχνικά με τη χειροτεχνία εσωτερικής διακόσμησης, τη δημιουργία κοσμημάτων και τη φωτογραφία. Βασικό της κριτήριο σε οποιοδήποτε καλλιτεχνικό της εγχείρημα είναι η προσοχή στη λεπτομέρεια, οι φίνες, κομψές γραμμές και η καθαρότητα της δημιουργίας, τα οποία σε συνδυασμό με την επιμονή και την αγάπη για την τέχνη οδηγούν πάντα σε ένα εξαιρετικά καλαίσθητο αποτέλεσμα.

Σήμερα ζει και εργάζεται στη Γαλατίνα της Ιταλίας με το γιο της Στέλιο που όπως λέει η ίδια είναι το ομορφότερο έργο της ζωής της.